GARTENBUCH
für Kinder

25 TOLLE IDEEN FÜR BEET, BALKON UND BLUMENTOPF

Alle Tipps und Inhalte in diesem Buch wurden sorgfältig ausgewählt und geprüft, dennoch können weder Verlag noch Autor eine Garantie übernehmen. Eine Haftung des Verlags bzw. des Autors für Personen-, Sach- und Vermögensschäden ist deshalb ausgeschlossen.

Im Umgang mit spitzen und scharfen Gegenständen wie z. B. Küchenutensilien, mit heißen Flüssigkeiten und heißen Gegenständen, mit allen elektrischen Geräten, mit Zündhölzern und Feuerzeugen sowie an Herd und Backofen ist stets höchste Vorsicht, aufmerksames Verhalten und die Aufsicht durch die Eltern erforderlich.

Bildnachweis

stock.adobe.com: Schnecke S. 5 u, 10 u,11 u, 13 o, 15 o, 27 u, 30 u, 38 o, 41 o, 48 u, 60 u (Guz Anna); S. 48 (alexandersw), S. 58 (Pichsel)
fotolia.com: S. 1 ol (Jamax), S. 1 or (Alekks), S. 1 Mo (Jean Kobben), S. 2 M (Anna Kucherova), S. 3 or (PhotoSG), S. 4/5 HG (Iakov Kalinin), S. 4 l (photka), S. 4 M (PhotoSG), S. 4 u (photka), S. 5 o (Linleo), S. 5 or (Anja Kaiser), S. 5 Mr (PhotoSG), S. 5 u (Cpro), S. 10 HG (Stefan Körber), S. 10 ol (Ramona Heim), S. 10 M (photophonie), S. 11 ul (Creatix), S. 11 ur (Klaus Eppele), S. 14 (innershadows), S. 16/17 HG (wajan), S. 16 M (aquariagirl1970), S. 17 o (Iamax), S. 17 Ml (Andrea Wilhelm), S. 17 Mr (Christian Jung), S. 18 (fotoknips), S. 26/27 HG (Gunnar Assmy), S. 26 l (luna), S. 26 ur (unverdorben), S. 27 ol (silentforce), S. 27 Mo (Jean Kobben), S. 27 Ml (Ervin Monn), S. 27 M: Marienkäfer (Alekss), S. 34/35 HG (Dmytro Smaglov), S. 34 ol (Anna Kucherova), S. 34 M: Zwiebeln (Volkerr), S. 34 or (rangizzz), S. 34 ul (arkpo), S. 34 u (Andrey Starostin), S. 35 or (JJAVA), S. 35 M: Basilikum (Andrea Wilhelm), S. 35 ur: Kohlrabi (Sasajo), S. 35 ur: Lauch (ArtHdesign), S. 42/43 HG (Iakov Kalinin), S. 42 Mo (Miroslawa Drozdowski), S. 42 M (ehrenberg-bilder), S. 42 u (Natika), S. 43 ol (Sylwia Kachel), S. 43 Ml (NicOlas JARDIMAGE), S. 43 Mr (Oleksiy Ilyashenko), S. 43 ul (LianeM), S. 43 ur (Diana Taliun), S. 46 HG (MC_PP), S. 46 l (fimg), S. 47 ol (Africa Studio), S. 47 Ml (Johanna Mühlbauer), S. 47 ur (Inga Nielsen), S. 62 (Kybele)
© iStockphoto.com: S. 4/5 M (elenaleonova), S. 6 (Predrag Vuckovic), S. 12 (Martine Doucet), S. 20 (Mike Wiggins), S. 30 (Linda Kloosterhof), S. 38 (Laurin Johnson)
mauritius images: S. 1 M (Prisma), S. 11 or: Quecke, S. 16 l, S. 16/17 u, S. 17 r, S. 22, S. 24, S. 26 u, S. 27 Mr, S. 28, S. 34/35 M, S. 35 r: Gemüsesuppe, S. 36, S. 40, S. 44, S. 46 u, S. 47 or, S. 50, S. 52, S. 54, S. 56, S. 60
OKAPIA KG: S. 3 Mu (Manfred Ruckszio), S. 11 ol (imagebroker/Helmut Baar), S. 11 Mo (Manfred Ruckzio/OKAPIA), S. 11 or: Giersch (Manfred Ruckzio/OKAPIA)
picture alliance: S. 8, S. 26 r, S. 32, S. 46/47 M

oben = o, unten = u, links = l, rechts = r, Mitte = M, Hintergrund = HG

Inhalt

- **4** **Das A und O: die Ausrüstung**
- 6 Klein, aber oho: Pflanzensamen
- 8 Eintopfen leicht gemacht
- 10 Pflanzen brauchen Pflege!
- 12 Der Superdünger: Brennnesseljauche
- 14 Aus Alt wird Neu!
- **16** **Gärtnern auf Balkonien**
- 18 Kapuzinerkresse – ein Blütenmeer
- 20 Bau dir einen Wannen-Teich!
- 22 Sprossenexplosion im Glas
- 24 Das Marienkäferhotel
- **26** **Auf der Wildblumenwiese**
- 28 Ganz besondere „Futterpflanzen"
- 30 Dein eigener Obstbaum!
- 32 Wilde Urwald-Suppe
- **34** **Dein Lieblingsessen-Beet**
- 36 Die rote Gemüsekönigin
- 38 Zucchini – reiche Ernte garantiert!
- 40 Möhre und Zwiebel – das Traumpaar
- **42** **Kräuter für die richtige Würze**
- 44 Tomatensoßen-Werkstatt
- **46** **Ein Fest am längsten Tag des Jahres!**
- 48 Nisthilfe für Bienen
- 50 Ein Erdbeertraum
- 52 Vitaminbombig gut: Himbeeren
- 54 Tipi aus Feuerbohnen
- 56 Eimerkartoffeln ziehen
- 58 Ofenkartoffeln mit Kräuterquark
- 60 Futterstation aus Milchkarton
- 62 Sonnenblumen-Wettwachsen
- **64** **Garten-Quiz**

Die folgenden Abkürzungen und Symbole werden in diesem Buch verwendet:

- **cm** = Zentimeter
- **m** = Meter
- **Min.** = Minuten
- **ml** = Milliliter
- **l** = Liter
- **g** = Gramm
- **TL** = Teelöffel
- **EL** = Esslöffel

 **Erwachsener Assistent benötigt!**

Schon gewusst?

Das A und O: die Ausrüstung

Einen eigenen kleinen Garten zu haben, macht riesigen Spaß. Ganz egal, ob du dir eine Ecke des Balkons aussuchst oder ein eigenes Beet bepflanzt: Dieses Buch hilft dir mit anschaulichen Schritt-für-Schritt-Anleitungen. Neben allerlei Gartentipps gibt es leckere Rezepte sowie jede Menge Gestaltungs- und Bastelideen. Du wirst sehen: Vieles gelingt fast von alleine! Welche Ausrüstung du im Garten benötigst, erfährst du auf dieser Seite.

Handschuhe schützen deine Hände vor scharfen Stacheln und vor den Brennhaaren von Brennnesseln.

Mit dem Spaten stichst du Rasenstücke aus.

Mithilfe einer kleinen Gartenschaufel kannst du Löcher ausheben, um Blumen einzupflanzen.

Mit der Harke kannst du Erde gleichmäßig verteilen.

Wichtig sind unempfindliche Schuhe, am besten eignen sich Gummistiefel oder Gummiclogs.

Pflanzensamen oder kleine Pflänzchen erhältst du im Blumenladen. Du kannst die Samen aber auch selbst ernten. Blättere um zur nächsten Seite!

Gärtnern auf dem Balkon

Für einen Balkongarten reicht diese kleinere Grundausstattung: eine Gießkanne, eine Sprühflasche, eine kleine Gartenschaufel, Handschuhe und verschiedene Blumentöpfe.

Ein Grubber dient zur Lockerung der Erde. Man kann damit aber auch Unkraut jäten.

Gießkannen und Sprühflaschen brauchst du zum Wässern der Pflanzen.

Arbeitserleichterung

Wenn dir die Stiele der Geräte zu lang sind, lass sie von einem Erwachsenen kürzen. Damit du dich nicht verletzt, sollten die Enden abgeschliffen werden.

Nachhaltiger Tipp:

Es muss nicht immer Plastik sein. Ob Gießkanne, Schaufel oder Blumentopf: Wo es eine Alternative zu Plastik gibt, kann man auch mal zu Produkten aus einem anderen Material greifen wie zum Beispiel Tontöpfen oder Gartengeräten mit Holzgriff.

Das brauchst du:

- 1 reifen Kürbis
- Großes Messer und Schneidebrett
- Küchentuch
- Papiertütchen
- Stift zur Beschriftung

 Gärtnern und pflanzen

Klein, aber oho: Pflanzensamen

Eine Pflanze entsteht aus einem Samen. Pflanzensamen bekommst du in der Gärtnerei oder im Blumengeschäft. Doch du kannst die Samen auch leicht selbst gewinnen. Bei einem Kürbis geht das zum Beispiel so:

Schneide den reifen Kürbis auf. Lass dir dabei von einem Erwachsenen helfen. Im Fruchtfleisch findest du die Kerne, das sind die Samen.

Diese Kerne kannst du nun heraustrennen. Entferne das Fruchtfleisch von den Kernen und lege sie zum Trocknen auf ein Küchentuch.

Fülle die getrockneten Kerne nach ein paar Tagen in eine Papiertüte und beschrifte sie. An einem kühlen Ort halten sich die selbst geernteten Samen bis zu 3 Jahre.

Extra-Tipp:

Die Samen von Sonnenblumen, Tomaten, Äpfeln und Kapuzinerkresse lassen sich ebenso leicht ernten. Probier es aus!

Das brauchst du:

- Blumen- oder Pflanzensamen (selbst geerntet oder aus dem Blumenladen)
- Aussaaterde (ohne Torf)
- Blumentöpfe
- Kleine Schaufel
- Alte Zeitungen
- Sprühflasche mit Wasser
- Durchsichtige Frischhaltefolie
- Gummiringe
- Bleistift

Eintopfen leicht gemacht

Wenn du deine Pflanzen aus Samen ziehst, kannst du ein echtes Naturwunder beobachten. Denn jedes Samenkorn hat in sich alle Eigenschaften der Pflanze gespeichert – also ihr Aussehen, ihre maximale Größe, ja sogar ihren Geruch. Ist das nicht beinahe unglaublich?

1

Bedecke den Boden zunächst mit alten Zeitungen. Fülle dann die Aussaaterde in die Blumentöpfe und drücke die Erde fest.

2

Bohre mit einem Bleistift oder dem Finger kleine Löcher in die Erde. Achte darauf, dass sie 2 cm Abstand zueinander haben. Lege dann in jedes Loch ein Samenkorn.

3

Streu eine dünne Erdschicht über die Samen und feuchte die Erde an. Spanne dann eine durchsichtige Folie über jeden Topf und stich zur Belüftung Löcher hinein.

4

Stelle die Blumentöpfe ans Fenster, dort ist es warm und hell. Halte die Erde feucht und beobachte, wie nach wenigen Tagen die ersten grünen Triebe erscheinen.

Schon gewusst?

Pflanzen brauchen Pflege!

Pflanzen sind Lebewesen. Um richtig zu gedeihen, brauchen sie deine Hilfe. Gib ihnen Wasser, sorge für die richtige Temperatur, jäte Wildkräuter und gib der Erde durch Düngen die Nährstoffe zurück, die deine Pflanze verbraucht. Worauf du achten musst, erfährst du hier.

An besonders heißen Tagen solltest du nur morgens und abends gießen, weil die Wassertropfen andernfalls wie ein Brennglas wirken und die Pflanze verbrennen.

Nachhaltiger Tipp: Gießen

Wenn du merkst, dass die Erde deiner Pflanze trocken ist, musst du sie gießen. Optimal ist aufgefangenes Regenwasser. Wer einen Garten hat, kann dieses in einer Regentonne sammeln und damit die Pflanzen gießen. So verschwendet man kein Leitungswasser. Damit das Wasser besser an die Wurzeln kommt, ist es wichtig, die Erde immer mal wieder mit dem Grubber aufzulockern.

Jäten

Wenn viele Wildkräuter in deinem Beet wachsen, können deine Pflanzen nicht richtig gedeihen. Darum entferne ab und zu die Pflanzen, die du nicht in dem Beet haben möchtest.

Quecke

Löwenzahn

Giersch

Giersch, Löwenzahn und Quecke sind häufige Wildkräuter.

Pflanzendünger kann man kaufen – oder man stellt ihn selbst her, z. B. aus Brennnesseln. Wer nachhaltig düngen möchte, nutzt am besten selbstgemachten Dünger wie zum Beispiel Kompost aus pflanzlichen Abfällen aus Küche und Garten. Dieser versorgt Pflanzen mit allen für sie wichtigen Nährstoffen und belastet das Klima nicht.

Düngen

Pflanzen brauchen zum Wachsen viele Nährstoffe. Diese Stoffe sind in der Erde enthalten. Besonders gut gedeihen die Pflanzen aber, wenn du sie zusätzlich mit Komposterde düngst.

Das brauchst du:

- Brennnesselblätter
- 5 l Wasser
- 2 Eimer, einer davon mit Deckel
- Gartenhandschuhe
- Küchenmesser und Schneidebrett
- Haushaltssieb
- Gießkanne

 Nachhaltiger Tipp

Mach mit!

Der Superdünger: Brennnesseljauche

Ein toller und ungiftiger Pflanzendünger ist Brennnesseljauche. Die kannst du ganz einfach und unkompliziert selbst herstellen. Zugegeben, an den Geruch musst du dich erst gewöhnen, aber deine Pflanzen werden die Jauche lieben!

1

Ziehe Gartenhandschuhe an und sammle ungefähr zwei Handvoll Brennnesselblätter. Zerkleinere die Blätter mit einem Küchenmesser. (Handschuhe anlassen!)

2

Gib die Brennnesseln in einen mit 5 l Wasser gefüllten Eimer und lass sie eine Woche darin gären. Rühre das Gemisch einmal am Tag um.

3

Wenn sich keine Bläschen mehr bilden, ist die Jauche fertig. Gieße sie vorsichtig durch ein Sieb in einen Eimer und verschließe ihn mit einem Deckel.

4

Mische alle vier Wochen ½ l Jauche mit 5 l Wasser und dünge deine Pflanzen damit. Brennnesseljauche hilft übrigens auch gegen Blattläuse!

Das brauchst du:

- Kompostbehälter aus Holz oder Plastik
- Kompostierbare Garten- und Küchenabfälle
- Mistforke
- Schaufel und Spaten

Aus Alt wird Neu!

Ob du es glaubst oder nicht: Vieles von dem, was wir täglich wegwerfen, enthält wertvolle Nährstoffe, die Pflanzen zum Wachsen benötigen. Mit ein bisschen Geschick lässt sich aus Garten- und Küchenabfällen prima Komposterde zum Düngen herstellen.

1

Stelle einen Kompostbehälter an einer schattigen, windgeschützten Ecke des Gartens auf.

2

Schichte darin Obst- und Gemüsereste, welke Blumen, Blätter, Eierschalen, Tee usw. locker auf. **Achtung:** Gekochtes Essen gehört nicht in den Kompost!

3

Ungefähr alle zwei Wochen solltest du die Abfälle mit einer Forke umstechen und durchmischen.

4

Jetzt musst du einige Monate warten und Bakterien, Pilze und andere Kleinstlebewesen arbeiten lassen. Im Frühjahr hast du prima Komposterde!

Schon gewusst?

Gärtnern auf Balkonien

Fast alle Gartentipps in diesem Buch lassen sich auch auf dem Balkon umsetzen. Wenn du also keinen Garten mit eigenem Beet hast, ist das überhaupt kein Problem. Auf dem Balkon pflanzt du einfach in großen Töpfen, Pflanz- und Blumenkästen. In einem Pflanzkasten kannst du sogar Gemüse anbauen.

So ein bunt bepflanzter **Balkon** ist ein echter Hingucker.

Tomaten solltest du immer sonnig stellen. Sie brauchen bis zu 8 Stunden Sonne am Tag, um gut zu reifen.

Wenn jedes Fleckchen deines Balkons ausgenutzt ist, kannst du auf **Blumenampeln** ausweichen.

Platzprobleme?

Wenn du wenig Platz hast, musst du „hoch hinaus" planen: Lass Bohnen an Stangen ranken oder nimm Kletterpflanzen, die an einem Gitter in die Höhe wachsen.

Spinat und **Kopfsalat** sind nicht besonders anspruchsvoll. Ihnen reichen 4 Stunden Sonne am Tag.

Die **Wicke** ist eine beliebte Kletterpflanze.

Alte **Obstkisten** lassen sich prima zu Pflanzkästen umfunktionieren.

Saatzeit: April
Ernte: Mai bis Oktober

Das brauchst du:

- Kapuzinerkressesamen
- Blumenerde
- Blumentopf oder Beet
- Kleine Schaufel
- Evtl. Stöckchen oder Gitter zum Ranken

Kapuzinerkresse – ein Blütenmeer

Die Kapuzinerkresse ist ein echtes Talent: Sie blüht wunderschön in allen Orangetönen, wächst superschnell, und ihre Blüten sind essbar. Außerdem beschützt sie andere Pflanzen vor Blattläusen, indem sie sie selbst anlockt. Diese Heldenpflanze willst du im Garten oder auf dem Balkon haben? Kein Problem!

1

Im April kannst du damit beginnen, die Kapuzinerkresse drinnen vorzuziehen. Oder du säst die Samen ungefähr Mitte Mai draußen in dein Beet.

2

Um ihre volle Pracht entfalten zu können, sollte die Kresse möglichst sonnig stehen. Schon bald erblüht ein Meer aus orangefarbenen Blüten.

3

Ernte die Blüten. Entferne gegebenenfalls kleine Tiere aus den Blütenkelchen. Dekoriere nun Salate und Suppen mit den Blüten. Guten Appetit!

Extra-Tipp:

Auf dem Balkon kannst du dir einen Blütenhimmel zaubern: Stecke Stöckchen neben die Pflanze, an denen sie sich hochwinden und nach oben wachsen kann.

Das brauchst du:

- Eine Wanne, einen Kübel oder ein anderes wasserdichtes, sauberes Gefäß
- Kalkfreies Wasser
- Spezialerde für Teiche
- Kiesel
- Wasserpflanzen, wie z. B. Zwergseerose, Wasserähre und Zypergras

Mach mit!

Bau dir einen Wannen-Teich!

Um einen kleinen Teich zu bauen, brauchst du keinen großen Garten. Mini-Teiche kann man auch prima in Kübeln oder Bottichen anlegen. Sogar ein Blumenkasten eignet sich dafür. Du wirst sehen: Libellen und Singvögel werden deinen Teich lieben!

1

Ist deine Wanne etwa 50 cm tief, dann fülle 15 bis 20 cm Teicherde hinein.

2

Pflanze die Wasserpflanzen hinein und bedecke die Erde mit Kieseln. Befülle nun die Wanne mit kalkfreiem Wasser.

3

Wenn der Wasserspiegel sinkt, gieße kalkfreies Wasser nach. Fische abgestorbene Pflanzenteile von der Wasseroberfläche, sonst wird dein Teich schnell faulig.

Extra-Tipp:

Überlege dir zu Beginn, wo dein Mini-Teich stehen soll. Ist er mit Wasser gefüllt, ist er zu schwer, um bewegt zu werden.

Achtung: Kinder unter 3 Jahren dürfen nur unter Aufsicht eines Erwachsenen ans Wasser!

Ernte: das ganze Jahr

Das brauchst du:

- Mungobohnen, Luzernesamen, Kichererbsen oder andere Sprossen
- Leeres Marmeladenglas mit Schraubdeckel
- Dosenpikser
- Küchensieb

Schmeckt lecker!

Sprossenexplosion im Glas

Du denkst, alle Pflanzen brauchen Erde und viel Zeit, um zu gedeihen? Weit gefehlt! Sprossen benötigen weder das eine noch das andere. Und sie sind besonders lecker und gesund. Ob als Brotbelag oder in einem Salat: Du wirst von deinen selbst gezogenen Vitamin- und Geschmacksbomben begeistert sein!

1

Spüle ein leeres Marmeladenglas mit heißem Wasser aus und bohre vorsichtig Löcher in den Schraubdeckel.

2

Dann gib eine Handvoll Bohnen und etwas warmes Wasser ins Glas. Schraube den Deckel drauf und drehe das Glas um, sodass das Wasser wieder herausfließt.

3

Stelle die Bohnen drei Tage an einen dunklen Ort. Danach drei Tage an einen hellen. Währenddessen musst du sie ab und zu mit kaltem Wasser spülen (siehe Schritt 2).

4

Siehst du an den Bohnen kleine „Wurzelschwänzchen"? Dann sind die Sprossen fertig. Spüle sie unter kaltem Wasser ab, und du kannst sie essen. Guten Appetit!

Das brauchst du:

- 1 Konservendose
- Dosenöffner
- Hammer
- Wellpappe
- Schere
- Umweltverträgliche Lackfarben
- Pinsel
- Zweige
- Blumendraht

Mach mit!

Das Marienkäferhotel

Der Marienkäfer sieht hübsch und niedlich aus. Und er ist für dich als Gärtner wichtig, weil er Schädlinge wie z. B. die Blattlaus frisst. Damit du immer genügend Marienkäfer in der Nähe hast, baue ihnen ein Marienkäferhotel, in dem sie Schutz suchen und sogar überwintern können!

1

Entferne den Deckel der Konservendose und hämmere die scharfen Kanten glatt – das nennt man „entgraten". Male die Dose von außen mit Lackfarben an.

2

Rolle nun die Pappe straff zusammen und stecke sie in die Dose. Die Pappe darf nicht aus der Dose herausragen. Kürze sie gegebenenfalls vorne.

3

Stecke nun die Zweige zwischen die Wellpappe. Sie sollten etwas länger sein als die Dose und vorne herausragen. So können die Käfer sie als „Landebahn" verwenden.

4

Befestige dein Marienkäferhotel in einer Hecke. Das geschlossene Ende sollte dabei etwas höher hängen als die Öffnung. Wann wohl die ersten Gäste eintreffen?

Schon gewusst?

Auf der Wildblumenwiese

Eine bunte Wildblumenwiese sieht wunderschön aus – und verändert sich im Lauf des Gartenjahrs ständig. Nicht nur durch die Farben der unterschiedlichen Blumen, die gerade blühen: So eine wilde Wiese ist auch ein idealer Lebensraum für Tiere. Du kannst Schmetterlinge, Bienen, Mäuse und viele andere Tiere beobachten. Leg dich mal mitten hinein! Die Blüten duften, die Tiere summen, brummen und krabbeln. Einfach herrlich!

Die Stängel des **Klatschmohns** tragen abstehende Borsten.

Auf jeder Wildblumenwiese wächst die **Margerite** üppig. Sie wird 30 bis 60 cm hoch.

Die **Kornblume** leuchtet auffällig blau. Sie wächst oft am Rande von Feldern.

Der kleine Fuchs wird auch **Nesselfalter** genannt, weil er sich als Raupe vor allem von Brennnesseln ernährt. Auch einige andere Schmetterlingsarten benutzen Brennnesseln als Eiablage und Raupenfutterpflanze. Daher kann es sehr sinnvoll sein, sie an einigen Stellen im Garten stehen zu lassen.

Der **Weißklee** duftet sehr stark und wird deshalb von vielen Bienen besucht.

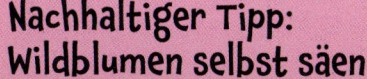

Wildblumenwiesen sind wichtig und nützlich. Sie bieten vielen Pflanzen und Tieren ein Zuhause, deren Lebensräume durch bewirtschaftete Flächen immer kleiner werden.

Die **Feldgrille** zirpt auf trockenen und warmen Wiesen und erzeugt so die richtige „Sommer-Hintergrundmusik".

Nachhaltiger Tipp: Wildblumen selbst säen

Im Blumenladen gibt es Samentütchen mit Wildblumen, es sind auch spezielle bienen- und schmetterlingsfreundliche Samenmischungen erhältlich. Die Aussaat ist in der Regel im April/Mai. Wildblumenwiesen werden weder gegossen noch gedüngt. Du musst sie nur ein- bis zweimal im Jahr mähen.

Das brauchst du:

Essbare Blüten
- Kornblumen
- Veilchen
- Gänseblümchen
- Ringelblumen
- Borretsch
- Rosen

Weitere Zutaten (je nach Rezept):
- Brot und Butter
- Eiswürfelbox und Mineralwasser
- Kuchen, Torte oder Salat
- Verschließbares Glas zur Aufbewahrung

Schmeckt lecker!

Ganz besondere „Futterpflanzen"

Dass die Blüten der Kapuzinerkresse lecker sind, weißt du schon. Doch auch die Blüten von Kornblume, Veilchen, Gänseblümchen, Ringelblume, Borretsch und Rose sind essbar. **Wichtig:** Ernte nur die Blüten aus deinem Garten. Pflanzen aus dem Handel sind oft gespritzt!

1

Blümchenbrot: Belege ein Butterbrot mit Gänseblümchen und Kapuzinerkresse. Das schmeckt fantastisch und sieht toll aus!

2

Blühende Eiswürfel: Gib in jede Kammer der Eiswürfelbox eine essbare Blüte. Fülle die Kammern mit stillem Mineralwasser und stelle die Box in den Gefrierschrank.

3

Blütentraum auf Kuchen: Eine tolle Dekoration sind essbare Blüten auf Gebäck. Pflücke die Blüten frisch und streue sie darüber. Auch im Salat machen sie sich gut!

4

„Blütenstaub": Lege die Blüten zum Trocknen auf Küchentuch aus. So kannst du auch im Winter Kuchen, Torten und Salate damit dekorieren!

Pflanzzeit: August/September
Ernte: September/Oktober des nächsten Jahres

Das brauchst du:

- Buschbaum (Apfel, Pflaume oder Kirsche)
- Eimer mit Wasser und Komposterde
- Spaten
- Stützpfahl
- Pflanzenerde

Nachhaltiger Tipp:

Wer einen Baum pflanzt, leistet einen Beitrag für mehr Frischluft, denn Bäume produzieren den lebensnotwendigen Sauerstoff, den wir zum Atmen brauchen. Außerdem bieten sie vielen Lebewesen ein Zuhause.

Gärtnern und pflanzen

Dein eigener Obstbaum!

Hast du immer schon davon geträumt, einen eigenen kleinen Baum zu haben? Mit Äpfeln, Kirschen oder Pflaumen dran? Dann mach deinen Traum wahr und pflanze einen Buschbaum! Buschbäume sind etwa einen halben Meter groß und tragen ganz schnell Früchte. **Tipp:** Schreib das Obstbäumchen auf deinen Wunschzettel!

1

Tauche den Wurzelballen des Baums zunächst in einen Eimer mit einem Gemisch aus Wasser und Kompost.

2

Grabe an einer geeigneten Stelle ein Loch, das so tief und breit ist, dass der Wurzelballen deines Bäumchens bequem darin Platz findet.

3

Buschbäume haben am Stamm eine knubbelige Stelle, die man „Veredelung" nennt. Diese Verdickung muss unbedingt oberhalb der Erde bleiben!

4

Stütze das Bäumchen mit einem Pfahl. Fülle das Erdloch mit einem Gemisch aus Kompost- und Pflanzenerde auf und gieße den Baum.

Das brauchst du:

Zutaten für 4 Personen:
- 400 g frische, junge Brennnesseltriebe
- 2 Zwiebeln
- 2 Knoblauchzehen
- 3 TL Butter
- 1 l Gemüsebrühe
- 3 Kartoffeln
- 125 ml saure Sahne
- Salz, Pfeffer

Material:
- Gartenhandschuhe
- Küchenmesser und Schneidebrett
- Topf
- Knoblauchpresse
- Kartoffelschäler
- Pürierstab

Schmeckt lecker!

Wilde Urwald-Suppe

Willst du deine Eltern mit einem Gericht überraschen, das sie wahrscheinlich noch niemals gegessen haben? Etwas, das auf den ersten Blick zu wild und gefährlich scheint, um es überhaupt zu probieren? Dann los! Zieh deine Gartenhandschuhe an – die Suche nach der Nessel kann beginnen!

1

Pflücke junge Brennnesseltriebe, wasche sie gründlich und schneide sie anschließend klein. Nicht vergessen: Handschuhe tragen! Würfle danach die Zwiebeln.

2

Erhitze die Butter in einem Topf und dünste die Zwiebeln an. Gib dann die Brennnesseln dazu und gieße sie mit der Brühe auf. Den gepressten Knoblauch rührst du unter.

3

Schäle jetzt die Kartoffeln, würfle sie und gib sie zur Suppe. Lass alles 20 Min. bei mittlerer Temperatur köcheln.

4

Rühre die Suppe mit dem Pürierstab cremig und gib anschließend die saure Sahne dazu. Wilden und guten Appetit!

Schon gewusst?

Dein Lieblingsessen-Beet

Isst du gerne Pizza? Oder Nudeln mit Soße? Oder vielleicht Gemüsesuppe? Dann mach dir doch ein Pizza-, Nudelsoßen- oder Suppen-Beet! Und bau genau die Gemüsesorten und die Kräuter an, die du am liebsten magst. Hier ein paar Ideen für Lieblingsessen-Beete:

Das Tomatensoßen-Beet

Für ein Tomatensoßen-Beet solltest du viele Tomaten, Möhren, Zwiebeln und Kräuter wie Oregano und Basilikum anbauen.

Die **Tomate** ist sehr gesund. Sie enthält 13 verschiedene Vitamine, unter anderem Vitamin K und Vitamin C.

Pflanze die **Zwiebeln** nicht neben die Tomaten. Sonst gedeihen beide Pflanzen nicht so gut.

Das Pizzabeet

Das Gemüse und die Kräuter des Tomatensoßenbeets bilden die perfekte Grundlage für ein Pizzabeet. Zusätzlich pflanzt du ein oder zwei Gemüsesorten, die du gerne magst, z. B. Zucchini. Wenn du Lust hast, mach dein Beet rund – wie eine Pizza!

Kräuter-Omelette-Beet

Pflanze Kräuter wie Basilikum, Oregano, Rosmarin, Schnittlauch, Petersilie, Estragon und Thymian. Verfeinere z. B. Omelettes mit diesen frischen Kräutern.

Kräuter lassen sich auch in Töpfen ziehen. Das Fensterbrett ist ein idealer Ort dafür.

Gemüsesuppen-Beet

Isst du gerne Gemüsesuppe? Für einen richtig guten Geschmack sorgen Kohlrabi, Bohnen, Sellerie, Möhren, Lauch und Kräuter.

Pflanzzeit: Mitte Mai
Ernte: Juli bis Oktober

Das brauchst du:

- Kleine Tomatenpflanzen vom Gärtner (für den Balkon: Cocktailtomaten)
- Ein sonniges, geschütztes Plätzchen im Garten oder auf dem Balkon
- Rankstäbe

Gärtnern und pflanzen

Die rote Gemüsekönigin

Sie ist rot! Sie ist rund! Sie ist knackig! Und sie ist die wunderbar schmackhafte Grundlage jeder Pizza und vieler Nudelgerichte: die Tomate! Auf dieser Seite erfährst du, wie du die Königin des Gemüses in deinem Garten hofierst und worauf du achten musst.

1

Stecke an einem vor Regen geschützten, sonnigen Platz Rankstäbe in die Erde und pflanze die Tomatenpflanzen ein. Gieße sie regelmäßig und gut.

2

Entferne ab und zu die kleinen Triebe, die an den Blattachseln wachsen. Das verschafft der Pflanze Kraft für die Früchte.

3

Trägt die Pflanze rote Tomatenfrüchte, kannst du sie ernten. Pflücke auch die hellroten, sie reifen im Haus nach.

Extra-Tipp:

Hast du Cocktailtomaten gepflanzt? Dann brauchst du natürlich keine Rankhilfe. Die Cocktailtomaten sind klein wie Murmeln und haben einen intensiven und süßen Geschmack.

Nachhaltiger Tipp:

Übrigens, du kannst frisches Gemüse auch einfrieren, wenn du es vorher kurz kochst. Tiefgekühlt halten sich die Vitamine gut. So kannst du Sommergemüse das ganze Jahr lang genießen.

Saatzeit: ab Mitte April
Ernte: Juni bis September

Das brauchst du:

- Zucchinisamen
- Blumenerde
- Blumentöpfe zum Vorziehen

Gärtnern und pflanzen

Zucchini – reiche Ernte garantiert!

Die Zucchini ist ein tolles Pizza- und Soßengemüse! Ein großer Vorteil ist, dass Zucchinipflanzen viele Früchte ausbilden. So kannst du den ganzen Sommer und Herbst über ernten. Die Zucchini ist eine italienische Pflanze (eine Kürbisart, Aussprache: „Zukkini"), aber mittlerweile steht sie in ganz Europa auf dem Speiseplan.

1

Ab Mitte April kannst du die Zucchinisamen aussäen und in der Wohnung vorziehen.

2

Sobald es keinen Frost mehr gibt (ab Mitte Mai), kannst du die kleinen Pflänzchen draußen einpflanzen. Gieße regelmäßig, denn die Zucchini braucht viel Wasser.

3

Da Zucchinipflanzen außerdem viele Nährstoffe benötigen, musst du den Boden ab und zu düngen, z. B. mit Brennnesseljauche.

4

Die Zucchini rankt nicht, deswegen liegen die Früchte auf der Erde. Sobald diese etwa 20 cm groß sind, kannst du sie ernten.

Saatzeit: März
Möhren-Ernte: Juni bis September
Zwiebel-Ernte: Mai bis August

Das brauchst du:

- Möhrensamen
- Steckzwiebeln (kleine Zwiebeln, aus der Gärtnerei)
- Sand

Gärtnern und pflanzen

Möhre und Zwiebel – das Traumpaar

Möhren und Zwiebeln sind allerbeste Freunde. Pflanzt du Zwiebeln zwischen Möhren, brauchst du keine Schädlinge zu fürchten. Die Möhrenfliege nimmt Reißaus, sobald sie Zwiebeln riecht, und die Zwiebelfliege hasst den Geruch von Möhren. Praktisch, oder? So benötigst du keine giftigen Pflanzenschutzmittel.

1

Möhren und Zwiebeln kannst du schon früh im Jahr pflanzen bzw. aussäen. Damit die Möhren nicht zu dicht wachsen, mische die Samen zunächst mit etwas Sand.

2

Nun säst du in ordentlichen Reihen abwechselnd Möhren und Zwiebeln in die Erde. Sie wehren sich auf diese Weise gegenseitig Schädlinge ab.

3

Während die Möhren und Zwiebeln wachsen, siehst du nur ihre Blätter. Das Spannende geschieht unter der Erde!

Extra-Tipp:

Wenn du eine Zwiebel schneidest, streck einfach die Zunge heraus. Die schwefeligen Zwiebeldämpfe „verfangen" sich nämlich immer an der nächsten feuchten Stelle. So verhinderst du, dass deine Augen tränen.

Schon gewusst?

Kräuter für die richtige Würze

Unverwechselbar wird dein Lecker-Schmecker-Essen mit frischen Kräutern. Für eine italienische Note sorgen Basilikum, Oregano und Rosmarin. Oregano und Rosmarin sind mehrjährig, das heißt, du musst sie im nächsten Jahr nicht erneut aussäen. Basilikum hingegen ist eine einjährige Pflanze.

Basilikum

Wenn du dein Essen mit Basilikum würzt, achte darauf, dass du das Basilikum nicht mitkochst, sondern erst am Schluss dazugibst. Beim Kochen verliert es nämlich an Geschmack.

Wenn du gerne mit Kräutern kochst, ist eine **Kräuterschnecke** praktisch. Das spiralförmig gemauerte Beet sieht im Garten sehr schön aus.

Kräuter kann man in einem **Mörser** zerstampfen. So entfaltet sich das Aroma gut.

Oregano

Die Blüten des Oregano sind besonders hübsch, und Schmetterlinge lieben sie.

Grüner-Daumen-Tipp

Viele Kräuter kann man trocknen und so das ganze Jahr über damit würzen. Es eignen sich z. B. Petersilie, Thymian, Estragon und Minze.

In Marokko werden Büschel der **Nanaminze** aufgehängt, um Insekten zu vertreiben.

Minze wird häufig in orientalischen Gerichten verwendet. Am bekanntesten ist die Pfefferminze.

Rosmarin

Verwende nur wenig Rosmarin zum Würzen, denn er hat einen kräftigen Geschmack.

Viele Kräuter werden auch als **Heilmittel** eingesetzt. Bei Halsentzündungen kannst du mit Salbeitee gurgeln, denn Salbei wirkt antibakteriell.

Das brauchst du:

Zutaten für 4 Personen:
- 10 reife Tomaten
- 1 Zwiebel
- 1 Möhre
- 1 EL Olivenöl
- 3 Blätter Basilikum
- 5 Blätter Oregano
- ein wenig Rosmarin
- etwas Wasser
- Salz und Pfeffer

Material:
- Küchenmesser und Schneidebrett
- Topf
- Pürierstab
- Raspel

 **Schmeckt lecker!**

Tomatensoßen-Werkstatt

So, nun ist es so weit: Du kannst dein Tomatensoßen-Beet ernten und dir eine leckere Soße kochen! Gib sie über Nudeln oder bestreiche deine Pizza damit. Wetten, es wird die beste Tomatensoße, die du je gegessen hast?

1

Schneide die Tomaten in Würfel. Würfle auch die Zwiebel. Erhitze ein wenig Olivenöl in einem Topf. Gib die Zwiebelwürfel dazu und dünste sie.

2

Nun kommen die Tomaten in den Topf. Lass das Ganze etwa 15 Min. köcheln. Danach kannst du es pürieren.

3

Schäle die Möhre, rasple sie vorsichtig in Stifte und gib sie zur Tomatensoße. Lass die Soße nochmals 15 Min. bei niedriger Temperatur köcheln.

4

Falls sie zu dick wird, gib ein wenig Wasser hinzu. Schmecke mit Salz und Pfeffer ab. Hacke dann die Kräuter klein und gib sie zum Schluss in die Soße. Lecker!

Schon gewusst?

Ein Fest am längsten Tag des Jahres!

Am 21. Juni, dem längsten Tag des Jahres, scheint die Sonne ganz besonders lange. Hast du Lust, für diesen Tag ein Fest im Freien zu planen? Dann such dir im Garten einen schönen Platz oder breite in der Ecke des Balkons eine Decke aus ...

Schwedischer Mittsommer

Besonders in Schweden ist „midsommar" ein wichtiges Fest. Es wird viel gesungen und getanzt. Die Mädchen tragen Blumenkränze im Haar.

Nach dem 21. Juni werden die Tage wieder kürzer. Deswegen sagt man auch „**Sommersonnenwende**".

Der **Mittsommerbaum** bildet den Mittelpunkt des Festes. Um ihn herum wird getanzt und gespielt.

Ernte deine **Erdbeeren** und stelle sie zum Naschen auf den Tisch.

Ein prima Durstlöscher ist selbst gemachte **Zitronenlimonade** aus Zitronensaft, 1,5 l Wasser und etwas Zucker.

Dekoriere die **Tafel** mit Kapuzinerkresseblüten oder bunten Sommerblumen.

Blumenpracht

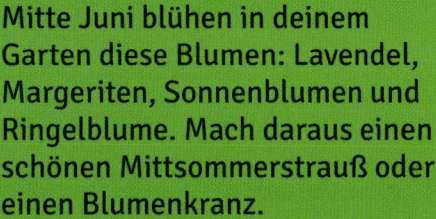

Mitte Juni blühen in deinem Garten diese Blumen: Lavendel, Margeriten, Sonnenblumen und Ringelblume. Mach daraus einen schönen Mittsommerstrauß oder einen Blumenkranz.

Zum Mittsommerfest isst man gerne die ersten **Frühkartoffeln**. Besonders gut schmecken sie mit einem Klecks Gartenkräuterquark.

Das brauchst du:

- Kleine Holzkiste, etwa 20 cm hoch
- Schrauben, Dübel
- Bohrmaschine
- Hohle Schilfhalme oder Naturstrohhalme (z. B. Roggen) mit einem Durchmesser von 2–9 mm
- Scharfe Schere oder Teppichmesser
- Feines Schmirgelpapier

Nachhaltiger Tipp:

Bienen sind sehr wichtig für die Umwelt, zum Beispiel für die Bestäubung vieler Pflanzen. Doch leider finden Wildbienen in der Natur immer weniger Möglichkeiten zum Nisten. Hilf ihnen! Diese Nisthilfen nehmen verschiedene Bienenarten gerne an:

- Altes Holz, das auf dem Boden liegen bleibt
- Senkrecht aufgehängte, markhaltige Stängel (z. B. Brombeerzweige)
- Hölzer und Steine mit glatten Löchern

Nisthilfe für Bienen

Baue mithilfe eines Erwachsenen ein kleines Bienenhaus! Die folgende Anleitung eignet sich für Bienen, die ihre Eier in Hohlräumen ablegen, wie etwa die Gemeine Löcherbiene oder die Gehörnte Mauerbiene.

1

Lege dir alle deine Materialien und Werkzeuge zurecht.

2

Schneide die Halme zurecht, sodass sie eine Länge von etwa 15 cm aufweisen. Die empfindlichen Bienen werden die Halme nicht zum Nisten nutzen, wenn diese zusammengedrückt wurden oder ausgefranst sind! Glätte daher die Halmenden nach dem Abschneiden vorsichtig mit Schmirgelpapier.

3

Stecke so viele Halme in die Kiste, sodass diese nicht herausfallen und beachte, dass sie hinten an die Wand anstoßen. Die glatten Öffnungen müssen nach vorne zeigen.

4

Befestige das Bienenhaus mit einem Erwachsenen an einem sonnigen, überdachten Ort in der Nähe von Futterpflanzen. Schraube die Kiste mit der Öffnung nach vorne an eine Wand.

Pflanzzeit: April
Ernte: Juni bis Juli

Das brauchst du:

- Erdbeer-Frigopflanzen (die man bereits im Frühjahr pflanzen und noch im selben Jahr ernten kann)
- Stroh

Nachhaltiger Tipp:

Zwar gibt es heutzutage nahezu jedes Obst und Gemüse zu fast jeder Jahreszeit zu kaufen – selbst im tiefsten Winter gibt es mancherorts noch Erdbeeren -, aber dafür müssen die Lebensmittel weite Strecken transportiert werden. Versuche doch mal, den Sommer im Glas aufzuheben! Wie das geht? Mit Einkochen. Frage deine Eltern nach einem Rezept!

Ein Erdbeertraum

Liebst du Erdbeeren? Erdbeereis, Erdbeerkuchen, Erdbeermilch? Dann solltest du die kleinen Früchtchen unbedingt selbst ziehen. Erdbeeren brauchen allerdings ein wenig Pflege, und du musst einige Dinge beachten. Aber mittlerweile bist du ja schon geübt und kriegst das locker hin!

1

Setze die kleinen Erdbeerpflanzen in einer Reihe in die Erde. Die Löcher sollten so tief sein, dass die Wurzeln nicht gestaucht werden.

2

Achte auf 30 cm Abstand zwischen den Pflanzen, damit sich jede Pflanze gut entwickeln kann. Pflanzt du mehrere Reihen, sollte der Reihenabstand 60 cm betragen.

3

In den nächsten zwei Wochen müssen die Erdbeerpflanzen anwachsen. Wässere sie gut, die Erde darf niemals trocken werden..

4

Wenn die Pflanzen Erdbeeren tragen, lege ein wenig Stroh unter die Früchte. So bleiben sie schön trocken und fangen nicht an zu faulen.

Pflanzzeit: Herbst
Ernte: Juni bis August im nächsten Jahr

Das brauchst du:

- Himbeerpflanzen
- Eimer Wasser
- 2 Holzpflöcke, Rankstäbe
- Blumendraht

Gärtnern und pflanzen

Vitaminbombig gut: Himbeeren

Himbeeren sind besonders gesund und – genau wie Erdbeeren – Rosengewächse. Aber im Gegensatz zur Erdbeere haben Himbeeren Dornen. Deswegen muss man beim Ernten etwas aufpassen – für Gartenprofis wie dich kein Problem!

1

Am besten pflanzt du die Himbeeren im Herbst. Wässere die Wurzelballen, bevor du sie in die Erde setzt.

2

Willst du mehrere Pflanzen nebeneinander setzen, halte einen Abstand von 40 bis 50 cm ein, damit die Himbeeren genügend Platz haben.

3

Schlage jeweils am Ende der Pflanzreihe einen Holzpflock oder Stecken in die Erde und spanne auf 50 und auf 100 cm Höhe Draht zum Ranken.

4

Im Sommer des nächsten Jahres kannst du die Himbeeren ernten. Und das Beste: Es wachsen den ganzen Sommer über neue Früchte nach. Einfach himmlisch!

Saatzeit: Mitte Mai

Das brauchst du:

- Feuerbohnensamen
- Spaten
- 5–7 elastische Holzstangen (ca. 2,5 m lang)
- Feste Schnur
- Gartennetz

<u>Achtung</u>: Rohe Bohnen sind giftig. Esse sie nur gekocht!

Mach mit!

Tipi aus Feuerbohnen

Willst du dich wie ein richtiger Indianer fühlen? Oder zumindest mal wie einer wohnen? Dann bau dir ein Tipi, dessen Wände aus den Blättern und Früchten der Feuerbohne bestehen! Die knallrote Farbe der Bohnenblüten wird unerwünschte Bleichgesichter ganz sicher auf Abstand halten.

1

Such dir einen sonnigen Ort für dein Tipi. Mit einem Spaten stichst du einen Kreis in den Rasen (Durchmesser innen: 1 m). Das wird das Beet für deine Bohnen.

2

Nun steckst du die Holzstangen leicht gekippt in den Beetring. Die Abstände sollten ungefähr gleich sein. Binde die Stangen oben zusammen. Das ist das Zeltgerüst.

3

Lege das Gartennetz um das Gerüst und befestige es mit Schnur. Lass eine Lücke im Netz – das wird dein Eingang.

4

Pflanze die Bohnen in den Erdring. Achte darauf, dass du die Samen fest in die Erde drückst. Nun musst du nur noch gießen und warten. Freu dich auf dein Tipi!

Pflanzzeit: Ende April
Ernte: Juni bis August

Das brauchst du:

- Biokartoffeln
- 1 Eimer
- Dosenpikser
- Blumenerde

Gärtnern und pflanzen

Eimerkartoffeln ziehen

Kartoffeln kannst du auf kleinstem Raum anbauen – sogar auf dem Balkon! Alles, was du brauchst, sind ein Eimer und ein paar vorgekeimte Kartoffeln. Du wirst begeistert sein, denn es geht ganz von allein!

1

Lege im April ein paar Biokartoffeln auf die Fensterbank. An einem kühlen, hellen Ort keimen sie schnell.

2

Bohre in den Boden des Eimers einige Löcher. Befülle ihn mit Erde, sodass der Boden bedeckt ist. Lege die Kartoffeln mit den Keimen nach oben darauf.

3

Bedecke die Kartoffeln mit Erde. Warte ein paar Tage, bis sich die ersten Blätter zeigen. Schütte dann wieder Erde in den Eimer, bis du keine Blätter mehr siehst.

4

Sobald sich nach einiger Zeit erneut Blätter zeigen, bedecke sie mit Erde. Das machst du, bis der Eimer voll ist. Ernte ist im Spätsommer.

Das brauchst du:

Zutaten für 4 Personen:
- 8–10 Kartoffeln
- Olivenöl
- 250 g Quark
- 2 EL Milch
- Frische Kräuter nach Wahl (z. B. Schnittlauch, Basilikum, Oregano, Petersilie)
- Salz und Pfeffer

Material:
- Gemüsebürste
- Backblech, Backpapier, Ofenhandschuhe
- Backpinsel
- Küchenmesser und Schneidebrett
- Schüssel
- Löffel

Schmeckt lecker!

Ofenkartoffeln mit Kräuterquark

Nun hast du wunderbare Kartoffeln geerntet, und deine Kräuter wachsen sicher schon hoch bis in den Himmel. Es ist Zeit für Ofenkartoffeln mit Kräuterquark! Läuft dir schon das Wasser im Mund zusammen?

1

Wasche die Kartoffeln gründlich, sodass keine Erde mehr an der Schale klebt. Heize den Ofen auf 200 Grad vor.

2

Halbiere die Kartoffeln, pinsle sie mit Olivenöl ein und lege sie auf ein mit Backpapier ausgelegtes Blech. Backe die Kartoffeln im vorgeheizten Ofen 30 bis 40 Min.

3

Schneide die Kräuter klein. Fülle den Quark in eine Schüssel und gib Milch dazu. Verrühre den Quark, bis er cremig wird, und mische Kräuter und Gewürze darunter.

4

Hole die Kartoffeln vorsichtig aus dem Ofen und gib einen ordentlichen Klecks Kräuterquark dazu. Lass es dir schmecken!

Das brauchst du:

- 1 sauberen Milch- oder Saftkarton (oben mit Lasche)
- Schere
- Dosenpikser oder spitzen Schraubendreher
- Umweltverträgliche Lackfarben
- Pinsel
- Essstäbchen oder Stöckchen
- Schnur
- Vogelfutter

Nachhaltiger Tipp:

Vögel haben es vor allem im Winter schwer, Futter zu finden. Mit einer Futterstation oder einer Futterglocke im Garten kannst du ihnen helfen. Fertigfutter gibt es im Zoogeschäft. Du kannst aber auch bereits im Herbst Bucheckern und Nüsse sammeln. Auch Kürbis- und Sonnenblumenkerne schmecken deinen gefiederten Freunden gut.

Mach mit!

Futterstation aus Milchkarton

Wenn du gerne Vögel in deinem Garten oder auf deinem Balkon beobachtest, bau ihnen diese Luxus-Futterstation. Nur wenige Handgriffe genügen, und bald schon sind alle Vögel da!

1

Schneide zwei Futterluken in die Seitenwände des Milchkartons. Bohre in den Kartonboden kleine Löcher, damit Wasser ablaufen kann.

2

Bemale dann den Karton mit wasserfesten, umweltverträglichen Farben. So, wie es dir gefällt.

3

Bohre 3 cm unterhalb der Futterluken kleine Löcher. Stecke Essstäbchen oder Ästchen hindurch. Das sind die Sitzstangen für die Vögel.

4

Bohre oben in die Lasche ein kleines Loch und fädle eine Schnur hindurch. Fülle Vogelfutter in das Häuschen und hänge es auf. Wer ist wohl dein erster Vogelgast?

Das brauchst du:

- Einen (oder mehrere) Wettkampfgegner
- Sonnenblumenkerne
- Kleine und große Blumentöpfe
- Blumenerde
- Wasserfeste Farben und Pinsel

Extra-Tipp:

Wenn die Sonnenblume verblüht ist, kann man die Kerne ganz leicht heraustrennen und essen – oder daraus neue Sonnenblumen ziehen!

Sonnenblumen-Wettwachsen

Achtung, fertig, los!

Jetzt wird es spannend! Wer schafft es, durch gute Pflege, richtiges Gießen, Düngen und Zureden die größte Sonnenblume zu ziehen? An die Blumentöpfe, fertig, los!

1 Beschriftet die Blumentöpfe mit euren Namen und bemalt sie. Befüllt sie dann mit Erde und drückt die Sonnenblumenkerne hinein.

2 Stellt die Sonnenblumen zum Keimen ins Dunkle und gießt sie regelmäßig. Sobald sich die ersten grünen Spitzen zeigen, stellt ihr sie an einen hellen Ort.

3 Werden die Pflanzen größer, solltet ihr sie in größere Töpfe umpflanzen. Stützt sie mit Stöckchen ab. Und ab jetzt: gießen, düngen, warten, mit der Blume reden ...

Glückwunsch!

Hat deine Sonnenblume gewonnen? Herzlichen Glückwunsch! Du bist ein echtes Gartentalent. Bekommst du gar nicht genug vom Gärtnern? Dann fang am besten gleich noch mal von vorne an und blättere zurück zur ersten Seite!

Rätsel

Garten-Quiz

1. Welche dieser Blüten sind essbar?

a) Veilchen
b) Rosen
c) Gänseblümchen
d) Kapuzinerkresse

Antwort: a, b, c und d

2. Wie kannst du deine Pflanzen düngen?

a) Mit Brennnesseljauche
b) Mit altem Zeitungspapier
c) Mit Milch
d) Mit Kompost

Antwort: a und d

3. Welche Pflanze ist ein Rosengewächs?

a) Kürbis
b) Erdbeere
c) Tomate
d) Kartoffel

Antwort: b

4. Wie heißt eine beliebte Kletterpflanze?

a) Wicke
b) Tricke
c) Zicke
d) Wickie

Antwort: a

5. Was gehört nicht in den Kompost?

a) Eierschalen
b) Laubblätter
c) Fleisch
d) Tee

Antwort: c

6. Welches dieser Dinge brauchst du nicht im Garten?

a) Gummistiefel
b) Harfe
c) Gießkanne
d) Pflanzensamen

Antwort: b